ÉTAT

DE DISTRIBUTION

DES

PRÉSENS DE LA CORBEILLE

DE MADAME LA DAUPHINE

PARIS. — TYPOGRAPHIE LAHURE
Rue de Fleurus, 9

ETAT

DE DISTRIBUTION

DES

PRÉSENS DE LA CORBEILLE

DE MADAME LA DAUPHINE

(Marie Antoinette)

(Extrait du volume des *Mélanges de* 1877
& tiré à vingt-cinq exemplaires non mis dans le commerce
avec la permiſſion de la Société des Bibliophiles.)

PARIS

—

M DCCC LXXVI

ÉTAT

DE DISTRIBUTION

DES PRÉSENS DE LA CORBEILLE

DE MADAME LA DAUPHINE

–∞–

LE document qui fuit eft extrait d'un volume manufcrit de format in-4° intitulé : *Defcription & relation de tout ce qui a été fait & de ce qui s'eft paffé à l'occafion du mariage de* L. A. DAUPHIN DE FRANCE *avec* MARIE-ANTOINETTE-JOSÈPHE-JEANNE, ARCHIDUCHESSE D'AUTRICHE ; par M. de la Ferté, intendant des Menus. Il renferme 552 pages, plus 10 de table, & eft relié en maroquin rouge aux armes de France (fer des menus plaifirs).

Il a paffé en Angleterre & y a appartenu à M. Robert B. Prefton, dont il porte l'ex libris. Je le tiens par échange de l'amitié dont m'honore notre cher & refpecté collègue M. l'abbé Boffuet, curé de Saint-Louis-en-l'Ile.

A 1

Tout le volume mériteroit peut-être de voir le jour (1),
mais la Société des Bibliophiles, obligée de fe borner, a
choifi cette pièce comme pouvant intéreffer plus parti-
culièrement un affez grand nombre de familles (2), &
aufli les mufées & les amateurs qui poffèdent des boîtes
& des montres de cette époque. Nul doute que beaucoup
de ces préfens n'exiftent encore. Heureux (3) les amateurs qui pourront reconnoître dans le préfent état un
bijou aujourd'hui en leur poffeffion, & penfer qu'ils ont
ainfi une forte de fouvenir de cette adorable Princeffe,
dont le meurtre eft un des crimes les plus odieux qui
aient fouillé notre hiftoire !

Le Baron J. Pichon.

---

(1) La Société a héfité à donner la lifte des dames in-
vitées au bal du 19 mai 1770, mais elle a penfé que ce
document avoit pu être imprimé déjà.

(2) J'ai mis à la fin une table des noms des perfonnes
nommées dans cet état, & une des bijoux donnés.

(3) *Non equidem miror, invideo magis !*

ÉTAT

DES PRÉSENS DE LA CORBEILLE

DE MADAME LA DAUPHINE

M. l'Ambaſſadeur de l'Empire,

M. le Comte de Mercy :
Une grande boîte quarrée à pans émaillés en aurore, bordure en vert avec des médaillons peints ſur toutes les parties.

M. de Durfort, ambaſſadeur de France à Vienne,
Une paire de boutons de diamans.

M. le Comte de Noailles, ambaſſadeur extraordinaire du Roi pour aller chercher Madame la Dauphine,
Une boîte quarrée à pans, fond d'émail gris & bordures vertes avec ſix médaillons à figures.

M. le Duc d'Aumont, premier gentilhomme de la Chambre du Roy, en exercice,

Une montre d'or à répétition avec garniture & chiffres de diamans au milieu.

M. le Duc de Villequier, premier gentilhomme en furvivance,

Une montre d'or avec garniture en chiffres de diamans au milieu.

M. le Duc de la Vauguyon, gouverneur de Monfeigneur le Dauphin,

Une boîte d'homme émaillée à tableaux de payfages.

M. le Comte de Saint-Florentin,

Une boîte à huit pans, à panneaux de magellan, entourée de bas-reliefs en or.

M. le Comte de Saulx, chevalier d'honneur de Madame la Dauphine,

Une boîte ovale émaillée, à tableaux de Téniers.

M. le Comte de Teffé, premier écuyer de Madame la Dauphine,

Une boîte quarrée à cage, or de Paris, avec une plaque de très-beau lac rouge à fleurs d'or (1).

---

(1) Voilà une de ces boîtes que vendoit en Allemagne Mme de Teffé, pour fubvenir aux befoins de fes parens, émigrés comme elle. Voir les Mémoires fi intéreffans de Mme de Montagu.

M. le Marquis de Chauvelin, nommé par le Roi pour aller complimenter Madame la Dauphine, de fa part, à Chalons,

Une boîte quarrée à pans émaillés en gris, bordure or de couleur, avec un médaillon peint en figures fur le deffus.

Mr l'Évêque de Limoges, précepteur de Monfeigneur le Dauphin (1),

Une boîte or & acier.

Mr l'Évêque de Chartres (2), premier aumônier de Madame la Dauphine,

Une boîte d'or de Paris, forme quarrée, à bandes d'or rapportées, émaillées avec guirlandes de fleurs.

M. le Marquis de Talaru, premier Maître d'hôtel,

Une boîte ovale d'homme, émaillée en fleurs peintes dans des panniers, fond de tableaux.

M. le Vicomte de Talaru, idem en furvivance,

Une boîte d'or ovale, avec médaillon deffus & deffous, peints en camaïeu & entourés de

---

(1) M. du Coetlofquer, *ancien* évêque de Limoges.

(2) Pierre-Auguftin Roffet de Fleury, neveu du cardinal. Il hérita de fa bibliothèque & acquit celle de Godet des Marais, évêque de Chartres fous Louis XIV.

A 3

petits médaillons repréfentant les quatre fai-
fons & des vafes.

Menins de Monfeigneur le Dauphin.

M. le Duc de Saint-Maigrin,
Une grande boîte quarrée à pans, émaillée
en vert, fond uni poli, avec un médaillon à
figure deffus.

M. le Prince de Montmorency,
Une boîte ovale émaillée à bandes bleues,
vertes & blanches, & petites guirlandes d'or.

M. le Comte de Lorges,
Une grande boîte ovale émaillée de différentes couleurs avec un médaillon peint à
figures deffus.

M. le Comte de Coffé,
Une grande boîte ovale, bordure émaillée
en bleu avec un médaillon deffus & le refte à
fujet de fable.

M. le Comte de Pons,
Une boîte de forme ovale d'or, à tableaux
d'émail repréfentant une moiffon.

M. de la Roche-Aymon,
Une montre à répétition à tableaux de
Teniers, avec aiguilles & bouton de dia-
mans.

M. de Bourbon-Buffet,
Une montre à répétition à tableaux d'émail avec bouton, aiguilles & cercles de diamans.

M. le Marquis de Saint-Hérem,
Une montre à répétition or de couleur, avec cercle, aiguilles & boutons de diamans.

M. le Comte de Beaumont,
Une montre à répétition à trophée or de couleur, bouton, aiguilles & cercle de diamans.

M. le Comte (1) de Damas,
Une montre à répétition à trophée or de couleur, bouton, aiguilles & cercle de diamans.

M. le Comte de Choifeul,
Une petite montre à répétition émaillée figures, à bouton, aiguilles & cercle de diamans.

Gentilshommes de la Manche.

M. le Vicomte de Coëtlofquet,
Une montre à répétition à trophée & guirlandes de couleur, bouton & aiguilles de diamans.

---

(1) Marquis, dans l'*Almanach royal.*

M. le Comte de Luppé,
Une montre à répétition à bouton & aiguilles de diamans.

M. le Chevalier de la Billarderie,
Une montre à répétition à bouton & aiguilles de diamans.

M. le Chevalier de Villeneuve (1),
Une montre à répétition à bouton & aiguilles de diamans.

M. le Comte de Montault,
Une montre à répétition à trophée d'or émaillée.

M. le Chevalier de Montefquiou,
Une montre à répétition à trophée en or de couleur, bouton & aiguilles de diamans.

M. le Vicomte de Boifgelin,
Une montre à répétition à trophée émaillée.

M. le Comte de Bafglion,
Une montre à répétition à trophée émaillée.

M. le Baron de Lieuray,
Une montre à répétition à trophée émaillée.

M. le Chevalier de Monteil,
Une montre *idem* à trophée émaillée.

---

(1) Cillard.

Sous-gouverneurs de Monfeigneur le Dauphin.

M. le Chevalier de la Ferrière,
Une grande boîte ovale émaillée en vert, bordure en or de couleur peinte à figures deffus.

M. (1) de Sinetti,
Une boîte ovale émaillée en bleu, bordures & pilaftres en colonnes, avec un médaillon peint fur le deffus.

M. (2) de Fougieres,
Une boîte à trophée or de couleur, dans les cartels fond matté, bordure émaillée en bleu tranfparent avec un médaillon à figures deffus.

M. de Montbel (3),
Une grande boîte ovale émaillée bleu, avec un médaillon à figures fur le deffus, la batte & le deffous à médaillon, or tranfparent, bordée d'or vert.

Sous-précepteurs.

M. l'abbé Radonvilliers,
Une montre à répétition à trophée or de couleur émaillée.

---

(1) Le Marquis. — (2) Le Comte. — (3) Le Comte.

M. l'abbé Moftuejouls (1),
Une montre à répétition, or de couleur à trophée émaillé.

M. l'abbé Gafton,
Une montre, *idem*, or de couleur à trophée émaillé.

M. l'abbé de Thémines, aumônier du Roy,
Une montre à répétition à trophée, or de couleur.

M. l'abbé Auroux, chapelain,
Un flacon d'or cifelé.

M. l'abbé Faure, clerc de chapelle,
Un porte-crayon fans diamans.

M. Thierry, premier valet de chambre de Monfeigneur le Dauphin,
Une montre à répétition émaillée à fujet de figures, à boutons & aiguilles de diamans.

M. Defmares, premier valet de garde-robe,
Une montre à répétition, gravée, à foleil.

M. Mefnard, fecrétaire des commandemens de Monfeigneur le Dauphin,
Une boîte ovale émaillée en bleu avec un

---

(1) Le texte porte Montuejouts, & l'*Almanach royal* Moftueges ; le vrai nom eft Moftuejouls.

médaillon peint fur le deffus & bordures en
or de couleur & la batte *idem*.

M. le Marquis des Granges, maître des cé-
rémonies,
Une boîte à huit pans à tableaux de marine
peints en mignature.

Intendans des Menus.

M. de la Ferté,
Une boîte d'homme quarrée montée en cage
avec fix tableaux de Blaremberg.

M. de la Touche (1),
Une grande boîte ovale émaillée en aurore,
peinte en figure deffus, bordures, pilaftres
& médaillon en or de couleurs.

M. Hebert (2),
Une montre à répétition garnie en diamans.

M. de Fontanieu, intendant du garde-
meuble,
Une boîte ronde émaillée en vert avec un
médaillon peint à figures fur le deffus, bordures & pilaftres en ornemens fur un fond uni
& poli.

___

(1) Lefcureul de la T.
(2) Tréforier de l'argenterie & menus plaifirs.

M. Mefnard de Chouzy, contrôleur général de la maifon du Roy.

Une boîte émaillée en vert, bordure en jaune ; avec un médaillon peint en figure fur le deffus, la batte & le deffous en animaux, fond mat.

M. de Mondragon ou M. Loppe, maître d'hôtel,

Une montre à répétition à trophée, or de couleur, marquant les jours du mois.

M. de la Source, contrôleur général de la maifon du Roy.

Une grande boîte ovale émaillée de différentes couleurs avec un médaillon peint en bas-relief fond rofe, la batte à guirlandes fond bleu.

M. Walon, contrôleur de la bouche,

Une boîte de chaffe en baignoire à rofettes & guirlandes d'or vert.

M. Drouet, commis au contrôle général,

Un étui à tirebouchon.

M. Guefnard, premier commis de la chambre aux deniers (1).

Une petite écritoire d'or.

---

(1) Seroit-ce le mari de Mme Guenard à laquelle nous devons tant de romans & de mémoires fur cette époque de notre hiftoire ?

M. l'abbé d'Argentré, lecteur,
Une boîte ovale émaillée en bleu lapis, bordure en or de couleur avec le médaillon peint repréfentant l'Architecture.

Faculté.

M. de Laffone, premier médecin,
Une montre émaillée à plufieurs figures, bouton, cercle& aiguilles de diamans.

M. de Laffaigne, médecin ordinaire (1),
Une montre à répétition à trophée.

M. de Chavignat, chirurgien,
Une montre à répétition à foleil.

M. Martin, apothicaire,
Une montre émaillée à fleurs & à feuilles vertes fond d'or & boutons de diamans.

M. Habert, apothicaire du Roy,
Une montre à répétition à tableaux émaillés, bouton, aiguilles & pouffoir en diamans.

M. de la Marke (2), chirurgien,
Une boîte d'or à navette, ornement à feuil-les d'or de couleur.

____

(1) Delon de L.
(2) L'*Almanach royal* dit *Lamarque.*

Écuyers.

M. de Saint-Soupleix, pour une boîte perdue
dans le voyage de Strasbourg,
Une boîte d'or émaillée à fond de tableau
& bordures vertes.

Changée contre celle de M. de Genouilly, écuyer de
Madame la Dauphine, par ordre de M. le duc d'Aumont,
le 11 janvier 1771.

Au même.

Une montre gravée, à étoile, à répétition,
bouton & aiguilles de diamans.

M. de Cubières, écuyer de Monseigneur le
Dauphin,
Une montre à répétition en or de couleur.

M. Lançon, écuyer de Madame la Dauphine,
Une grande boîte d'or, ovale à trophée, en
or de couleur, gravée en mosaïque, bordure en ornement & feuillages en or de couleur.

M. de Saint-Sauveur, chef de brigade,
Une montre à répétition, émaillée en plein
à sujet de figures, bouton & aiguilles de diamans.

Exempts des gardes du corps.

M. d'Havrincourt,
Une montre à répétition, gravée à trophée,
aiguilles de diamans.

M. de Nadaillac,
Une montre gravée, à répétition, à païfages
avec aiguilles de diamans.

Huiſſiers du Roy.

M. de Montqueron,
Une montre à répétition, gravée à trophée.

M. de Lugny,
Une montre à répétition, gravée, à figures,
fond mat.

M. Pigrais, huiffier de l'antichambre,
Une montre fimple gravée, à trophée, or
de couleur.

Valets de chambre du Roy.

M. Saugé,
Un flacon d'or cizelé.

M. Bourgeois,
Un flacon d'or cizelé.

M. Mizery, porte-manteau,
Un flacon d'or cizelé.

*Garçons de la chambre de Madame
la Dauphine.*

M. Campan,
Un étui d'or cizelé.

M. Gentil,
Un étui d'or cizelé.

M. Pigrais,
Un étui d'or cizelé.

M. Bazin,
Une montre d'or unie.

Valets de garde-robe.

M. Lanoue,
Un étui d'or cizelé.

M. Bergeron,
Un étui d'or cizelé.

Maréchaux des logis.

M. D'Alainville,
Une montre fimple à trophée.

M. (*sic*),
Une montre , *idem*.

M. Boubert, fourier des Cent-Suisses,
Un tirebouchon d'or.

Pages.

M. de Montigny, premier page de Monseigneur le Dauphin,
Une montre d'or cizelée à répétition.

Quatre Pages du Roy qui ont été au-devant
de Madame la Dauphine,
Une montre d'or simple à chacun, gravée
à trophée.

Deux gentils-hommes servans qui ont été à
Strasbourg,
Deux boîtes en baignoires.

M. Fleury, lieutenant de la prévôté de
l'hôtel,
Un flacon d'or.

Deux exempts de la Prévôté.
Un porte-crayon chacun.

Deux valets de chambre tapissiers.

MM. Dufourmentel & Bertheville,
Deux étuis d'or.

Préfens extraordinaires.

M. de Blair, Intendant de Strasbourg,
Une grande boîte ovale, émaillée de plufieurs médaillons peints en baf-relief fur des
fonds de couleur.

M. Rouillé d'Orfeuil, Intendant de Cham-
pagne,
Une boîte ovale, avec des tableaux peints
par Charlier.

M. de Morfontaine, Intendant de Soiffons,
Une grande boîte ovale, émaillée en bleu
turquoife, rofettes or de couleur, avec un
médaillon peint en bas-relief à figures deffus.

M. le Comte de Bombelle, capitaine aux
gardes françoifes,
Une grande boîte ronde émaillée en gris,
bordures & pilaftres émaillés en émeraudes,
avec un médaillon à figures deffus.

M. Demonville,
Une grande boîte d'homme ovale d'or
émaillée, fond vert à mofaïque d'or, & médaillons fond lilas à enfans peints en bas-relief.

M. Rebel,
Une grande boîte d'or ovale à trophée d'or
de couleur, dans des cartels fond mat.

Fin des préfens extraordinaires.

Madame la Comteffe de Noailles, dame d'honneur,
Une montre à répétition, or de couleur avec fa chaîne enrichie de diamans.

Madame la Ducheffe de Villars, dame d'a-tours,
Une boîte à huit pans à bandes d'écaille & or avec trophée d'amour dans le médaillon de deffus, & un en fleurs dans celui de def-fous, les deux trophées en rofes d'Hollande de différentes couleurs.

Dames de compagnie.

Madame la Marquife de Duras(1),
Une montre à répétition, or de couleur avec fa chaîne garnie de diamans.

Madame la Ducheffe de Beauvilliers,
Une boîte ovale émaillée en bleu à étoiles d'or, médaillon peint en figures fur le deffus.

Madame la Ducheffe de Boufflers,
Une boîte quarrée de femme, de lac, à figures, à cage d'or.

------

(1) Ne figure plus dans les *Almanachs royaux* de 1771 & 1772.

Madame la Marquife (1) de Tavanes,
Une boîte pour femme en mofaïque.

Mme la Princeffe de Chimay,
Une boîte de lac noir montée à pans coupés.

Mme la Ducheffe de Pecquigny,
Une boîte de chaffe peinte en mignature,
montée à cage d'or.

Madame la Comteffe (2) de Valbelle,
Une boîte de lac à figures de chaffe quarrée montée à cage d'or.

Madame la Comteffe de Gramont,
Une boîte ovale émaillée en aurore bordure
à cage, émaillée en émeraudes, avec un médaillon à figures deffus.

Madame la Comteffe (3) de Clermont-Ton-
nerre,
Une boîte ovale émaillée en jaune, bordure
en bleu, avec un médaillon peint fur le deffus,
la batte à animaux dans des cartels fond mat.

Madame la Marquife (4) de Talleyrand,
Une boîte ronde émaillée à bandes de différentes couleurs, bordures & guirlandes d'or.

Madame la Marquife de Mailly,
Une boîte quarrée à pans émaillés en gris

---

(1) Comteffe. — (2) Marquife.
(3) Marquife. — (4) Comteffe.

parfemée de mouches jaunes, bordure en bleu avec un médaillon à figures deffus.

Madame la Vicomteffe de Choifeul,
Une boîte à huit pans fond d'émail bleu & médaillon fond d'agathe en bas-relief.

Premières femmes de chambre de Madame la Dauphine.

Mefdemoifelles Perrin & Miffery,
Deux montres d'or à trophées avec leurs chaînes.

Quatre femmes de chambre de voyage.

Mefdemoifelles Thibaut, Nageac, Marchand & de Maffole,
Un flacon d'or cizelé pour chacune.

Douze femmes de chambre.

Savoir :

Aux demoifelles Thierry, Campan, Chavignac, Desjardins, D'Hautecourt, Delorge, Perrin & Andrion,
Un porte-crayon d'or à chacune, garni en diamans.

Aux demoiſelles L'Echevin, Martin, Deſport & de Vareil,
Un étui d'or cizelé à chacune.

Une fille de garde-robe,
Un porte-crayon ſimple.

Une porte-chaiſe d'affaire,
Un porte-crayon, *idem*.

RÉCAPITULATION.

52 Tabatières.
51 Montres.
 9 Flacons.
11 Étuis d'or.
13 Porte-crayons.
 1 Paire de boutons de diamant.
 1 Écritoire d'or.
 1 Étui & tirebouchon.
 1 Tirebouchon.

SUPPLÉMENT.

M. de la Fergenterie, lieutenant des gardes de la Porte,
Un étui à cure-dents d'or, bordure à fleurs cizelées.

M. Deſprez, maître d'hôtel du grand Maître chargé du détail de la table d'honneur & autres fur la route pendant le voyage de Strasbourg, a repréfenté que fon prédéceffeur avoit eu un préfent lors des mariages de feu Monfeigneur le Dauphin.

Ce préfent, en 1745 & 1747, n'a point été fourni par les menus plaifirs, & c'eft Mme la ducheffe de Brancas qui l'a fait fur la caffette de Mmes les Dauphines.

Il lui a été accordé par le duc d'Aumont un étui d'or, à la follicitation de Mme la comteffe de Noailles.

M. de Genouilly, écuyer de Madame la Dauphine,

Une boîte ovale émaillée en bleu, avec un médaillon peint à figures fur le deffus

Changé le 11 janvier 1771, par ordre de M. le duc d'Aumont avec celle de M. de Saint-Soupleix.

B 4

NOMS DES PERSONNES PORTÉES SUR L'ÉTAT DES PRÉSENS.

TABLE DES BIJOUX

---

(1) Je fuppofe que c'eft une boîte ovale ou rectangu-
laire très-creufe. On en voit d'ainfi faites.

(2) Boîte ovale allongée & un peu pointue aux extré-
mités, dans la forme des navettes à faire de la dentelle.

(3) A travers l'émail translucide on diftingue des fujets cifelés dans l'or. Dans les belles boîtes ce font des
payfages ou autres fujets compliqués : dans les montres
ou boîtes moins précieufes, ce font des pois, des étoiles
ou des rayons, &c.

---

(1) On appelle la *batte* les côtés de la boîte qui tien-
nent au fond & reçoivent le couvercle.

(2) Deffin d'ornement régulier & fe répétant, tel que
les quadrilles.

(3) La cage eft un encadrement, une *monture* en or ou
autre métal qui retient les plaques peintes, ou émaillées,
de lacq ou de burgos qui forment la boîte.

(4) A cette époque & durant tout le règne de Louis XVI,
on imitoit en émail pour l'ornement des boîtes, des per-
les, des émeraudes, des rubis.

(5) On appelle ainfi des peintures en camaïeu gris,
imitant la pierre. Defgotz a excellé dans ce genre.

Boîtes quarrées.

Boîtes à pans.

Boîtes rondes.

---

(1) Je crois que ce font des pois comme les mouches qu'on mettoit fur le vifage.

(2) C'eft pour me conformer au texte que j'ai féparé des autres ces boites dites à 8 pans; car dès qu'une boîte quarrée eft à pans, elle eft forcément à 8. Je ne penfe pas qu'il faille entendre par là des boîtes à 8 pans égaux. Je n'en ai jamais vu de pareilles.

(3) Nacre incruftée de pierres & nacres de couleur.

---

(1) Il faut remarquer que pas une de ces boîtes n'eft à
bec de pierreries; &, en effet, je ne me rappelle pas d'en
avoir vu de françoifes avec cet ornement, ce qui ne veut
pas dire qu'il n'y en ait pas, mais on en faifoit bien peu,
je crois, en France.

Montres en or & diamans.

www.ingramcontent.com/pod-product-compliance
Ingram Content Group UK Ltd.
Pitfield, Milton Keynes, MK11 3LW, UK
UKHW021019120726
13693UKWH00005B/2073